보리수잎 · 마흔아홉

원숭이 덫 이야기

페트르 카렐 온틀 지음 | 우철환 옮김

KB204289

고요한소리

Of Mindsets and Monkeypots
And Other Essays

Petr Karel Ontl

1993, Bodhi Leaves No. 131
Buddhist Publication Society
Kandy, Sri Lanka

차 례

원숭이 덫 이야기 7

법은 여전히 진리로 통하는가? 25

행복을 찾아서 40

지은이 소개 51

원숭이 덫 이야기

인도의 시골마을에는 원숭이를 잡아 길들여 애완동물로 팔아서 가욋돈을 버는 사람들도 있다고 한다. 이들은 여러 해 동안 시행착오를 거치며 원숭이 잡는 방법을 몇 가지 궁리해냈는데, 그 중에 가장 간단한 방법이 원숭이잡이 항아리를 이용하는 것이라 한다. 항아리를 덫으로 쓴다는 얘기인데 그 방법이 아주 재미있다. 우선 덫꾼은 끈이나 가는 쇠사슬 한쪽 끝을 숲속 빈터의 말뚝이나 나무 그루터기에다 묶고 다른 한쪽 끝에는 목이 가는 조그마한 항아리를 맨다. 이 항아리에 견과 몇 개를 넣어서 빈터에 놓고 그 근처에는 좀 더 많은 견과를 흩어 놓는다. 그러고는 약간 떨어진 곳에 숨어서 기다린다.

곧 원숭이 떼가 나타나 먹이를 찾아 나무에서 내려온다. 얼마 지나지 않아 그 중 한 마리가 항아리에 든 것을 발견한다. 원숭이는 매우 쉽게 손을 항아리에 집어넣는다. 하지만 먹을 것을 움켜쥔 주먹 쥔 손은 아무리 애를 써도 항아리의 좁은 주둥이에서 빠져나오지 않는다. 겁에 질려 당황한 원숭이, 한바탕 소동을 피우지만 오히려 그것은 덫꾼더러 빨리 오라는 신호가 될 뿐. 그물과 우리를 가지고 달려온 덫꾼 앞에서 그의 운명은 뻔한 일이 되고 만다. 참 영리한 놈들인데······.

얼핏 보기에는 마을 사람은 덫꾼이고, 미끼를

넣어둔 항아리는 덫이고, 원숭이는 그 사람에게
사로잡힌 가련한 희생물로 보일 것이다. 의심할
바 없이 그 사람도 그렇게 생각할 것이고 그 불운
한 유인원도 말을 할 수 있다면 십중팔구 동의할
것이다. 그렇지만 조금만 더 면밀히 살펴보면 이
사건을 바라보는 관점은 완전히 달라진다. 도대체
거기에 원숭이를 붙잡는 물건이 하나라도 있다는
말인가. 항아리는 항아리일 뿐 덫이 아니며 따라
서 마을사람도 덫꾼이라 할 수 없다. 원숭이가 견
과들을 놓아버리기만 하면 쉽게 손을 항아리에서
뺄 수 있을 것이고 그러면 다시 나무위로 올라가
가족들과 어울려 신나게 뛰어놀 수 있을 것이다.
"만약 놓아버리기만 한다면!"

　이 일화의 원숭이는 순전히 자신의 마음에 의해

포로가 되어 있다는 사실을 알아채지 못하고 있다. 견과를 발견하자 욕심, 곧 비이성적이고 지각없는 욕심이 생겨난 것이다. 정글은 과일, 견과류 그 밖에도 온갖 종류의 먹이들로 넘쳐나건만 그의 조건반응 습성은 '이것'마저 가져야 한다고 지시한다. 그의 속 좁은 마음보가 그를 가두고 있는 것이다. 한번 움켜쥔 것은 놓아버릴 엄두를 못 내고, 그러니 당연히 자신이 얼마나 우스꽝스런 곤경에 빠져 있는지 모를 뿐 아니라 그 뻔한 해결책도 도무지 생각이 나지 않는 것이다.

이제 우리는 원숭이의 지능이 모자란다느니 어쩌니 깔보면서 한편으로 인간의 논리적 사고력이 월등하다고 내세우기 전에, 정작 우리 자신은 어떤 형편인지 한번 살펴보자.

움켜쥔 것을 놓아버리는 일, 그것은 원숭이한테
만 어려운 일이 아니다. 인간도 마찬가지다. 아주
쉬우면서도 대단히 어렵다. 그래서 원숭이나 사람
이나 둘 다 똑같은 곤경에 빠져 있다. 물론 원숭
이와 인간의 경우가 똑같을 수는 없다. 세련된 정
도가 다르고 삶의 복잡함이 달라서 세세한 부분이
같지 않을 수 있다. 그러나 결과는 동일하다. 즉
관념과 조건지움에 매인 노예 상태란 점에서는 다
를 게 없다. 원숭이가 견과 몇 개에 대한 욕심 때
문에 파멸되듯이 우리 인간은 재물, 명성, 권력,
지위, 쾌락 그리고 멋진 장신구나 노리개에 대한
욕심 때문에 파멸에까지 이르면서도, 우리는 그것
들을 무조건 소유해야 하고 그런 것들이 없으면
살 수 없다고 믿는다. 사실이지 우리를 노예로 만
드는 것은 물질적 대상 그 자체라기보다는 그 대

상을 대하는 우리의 '자세'와 '감정'이다.

우리는 감관의 요구를 충족시키고자 애쓴다. 보아서, 들어서, 냄새 맡아서, 먹어서, 닿아서 즐거운 것들을 끊임없이 추구한다. 그뿐인가. 우리의 자아의식에 지배 조종되는 마음들이 만들어낸 생각이나 관념들이 거기에다 박차를 가한다. 이런 마음들이야말로 충족시키기 가장 어려운 것들일지 모른다. 왜냐하면 우리는 감각을 즐겁게 만드는 것만으로 만족하지를 못하기 때문이다. 오히려 우리는 우리의 동료를 능가하고 있다는 망상을, 가장 큰 것, 가장 비싼 것, 가장 새로운 것, 가장 번쩍거리는 상품을 소유함으로써 그들의 부러움을 사게 만들고 있다는 망상을 실현시키려 애쓴다. 우리는 늘 경쟁에, 상대보다 한 발 앞서기 게

임에 몰두하고 있는 것이다.

그렇다고 우리가 물질을 실리적으로 챙긴다고 말할 수도 없다. 어쩔 바를 모르고 있는 것이다! 소유는 하면서도 그 소유물을 진정으로 누리지도, 또 진가를 알지도 못한다. 하물며 최대의 소유물인 인생 그 자체에 대해서야! 살 줄을 모르니 쉴 줄도 모른다. 그러다 보니 공격적 경쟁심과 취득욕이 점점 더 강박적, 강제적 성향을 띠면서 우리 심성 깊숙이 뿌리를 내리게 되고 마침내는 우리가 하는 모든 것들이 심지어 가장 단순한 오락 활동까지도 타인을, 자기 자신을, 시계를 또는 달력을 앞지르려는 다툼, 시합, 분투로 변질되어 버린다. 세상만사가 돈, 트로피, 위신, 기타 갖가지 형태의 인정받기 경쟁으로 변하고 있는 것이다.

　　그런데 참 딱하게도 미친 듯이 돈을 더 벌고 더 큰 집을 소유하고 더 비싼 차로 매번 갈아타고 더 좋고 더 많은 위안거리들을 끌어모으고 그리고 이웃들이 입을 딱 벌리고 쳐다보도록 만들려 기를 쓰지만 그러면 그럴수록 그렇게 노예처럼 일을 해서 얻은 그 물질의 혜택들을 누릴 시간은 막상 더 줄어들기만 한다는 사실이다. 게다가 한 가지 더 '비극적인' 측면은 너무나 열에 들떠 물질 획득에 치중하는 그 과정 중에 십중팔구 우리는 가족을, 자신의 건강을, 자존심을 그리고 마음의 평화를 잃고 만다는 것이다.

　　돌진! 돌진! 돌진! 울화가 타오르고, 속이 쓰라리고, 혈압이 치솟는다. 우리들 중 수백만 명이 스트레스 관련 질병으로 죽어가고 있다. 또 그 몇 배의 사람들이 비참한 처지를 잠시라도 잊으려 술과 마약을 찾는다. 결국 우리는 명을 재촉하기 위해 온갖 수단을 다 강구하고 있는 셈이다. '생활수준'이야 날로 높여 나갈 수도 있겠지만 그와 동시에 우리 사회는 바로 목전에서 와해되고 있다. 우리가 바라던 목표가 바로 이런 것이었더라는 말인가?

도대체 무엇 때문에 이 모든 고통을 겪는 것인가? 성공하여 돈방석 위에 앉는 것($UCCE$$)? 우리가 진정 저 가련한 원숭이와 다르기나 한 것인가? 우리 역시 언제 어떻게 '놓아야' 하는 건지도 모른다는 점에서는 원숭이나 같다. 하지만 우리가 놓아야 하는 것이 무엇인가 하는 문제는 원숭이의 경우처럼 단순하지 않다. 그런데도 우리가 저 털

많은 작은 친구보다 형편이 더 고약하지는 않다고
우길 수 있을까?

갈애는 인간 본성이 조건지어진 것인 한 오히려
정상적이고 기본적인 한 부분이다. 세상에는 우리
육신의 생존과 정신적 행복에 필요한 것들이 있는
가 하면, 해로운 것들도 있다. 감각 능력을 갖춘
개개 존재의 마음은 그런 것들을 제각기 감지하는
각도에 따라 '좋은 것' '나쁜 것' '좋지도 나쁘지도
않은 것'이라 딱지를 붙임으로써 편리하게 범주화
한다. 물론 각 범주 내에서는 다시 등급별 분류가
잇따른다.

살아있는 유기체란 것이 워낙 복잡한 심리적,
생물학적 과정들의 복합물인지라 갖가지로 필요

한 것들이 있게 마련이며, 그 필요에 따라 다시 복잡한 심리적, 생물학적인 세분화 과정들이 전개된다. 그러한 과정들이, 어떤 대상 또는 조건들을 추구하거나 피하도록 유기체에 경고하고픈 욕구를 의식 내에 일으킴으로써 유기체의 적절한 기능 내지 생존을 확실하게 만들려 든다. 여기까지는 그런대로 좋다. 이런 현상은 인간이든 미생물이든 다사다난한 세상을 살아가는 동안 될 수 있는 한, 잘 유지 존속되도록 보호해 주기 위해 진화된 필수 전략이니까.

그렇지만 이 생존 장치가 제멋대로 작동하여 봉사하는 대신 군림하기에 이르면, 우리를 갈애와 열망의 안개 속으로 몰아넣어 버린다. 그렇게 되면 뚜렷한 목적도 없이 막연하게 무언가를 바라는 마음가짐이 되어 아무리 채워도 여전히 미흡한 가운데 불만을 떨쳐내지 못하게 된다. 잡힐 듯 잡힐 듯 끝내 잡히지 않는 '그 무엇', 그것만 잡으면 이 갈증이 시원히 풀릴 것 같은 끝없는 강박감에 쫓기면서 추구하게끔 만드는 그 공허함 속에서 우리는 계속 맴돌게 된다. 하지만 정작 우리는 무엇을 원하고 있는지도 모른다. 하물며 왜 그것을 원하는지를 어떻게 알겠는가.

미끼가 들어 있는 항아리에 이끌린 원숭이처럼 우리도 욕심이 나서 온갖 종류의 '물건들' 그리고 '생각들'을 붙들지만 그 결과는 본질적으로 똑같다. 우리는 덫에 걸렸다. 말 그대로 덫이라는 물질은 아닐지라도 분명히 심리적인 덫에 걸린 것이고, 이 심리적 성격의 덫은 오히려 더 위험하고

오래가는 고통을 준다. 그만큼 공허감도 더 오래 지속된다.

그러나 해결책이 있다. 그것도 간단한 해결책이. 간단하다 해서 반드시 쉽지는 않겠지만. 우선 이 충동들, 더 많이 집착하고 더 많이 획득하고 더 많이 끌어 모으고자 하는 이 충동들에 맹목적으로 굴복 복종하기에 앞서 그 충동들과 맞서 직시하고 분석해보는 노력이다. 그들이 어디에서 일어나고 또 왜 일어나는가? 답은 우리로선 뜻밖의 것일지도 모른다. 이 취득성향 배후에 있는 것이 다름 아닌 자아 관념이란 사실, 그것이 핵심점이다. 그것이 필연적으로 불안과 두려움을 갖가지 형태로 야기한다. 다시 이들 불안과 두려움은 의식적으로든 무의식적으로든 우리로 하여금 그 자아의 견고한 실재성, 말할 것도 없이 확실해 보이는 그 견고성을 지키기 위해서 필요한 온갖 것들을 찾고 구하도록 만든다. 그 자아를 꾸미고 장식하기 위해 그리고 그 주위를 둘러쌀 보호벽을 구축하기 위해 필요한 것들을 찾도록 만드는 것이다. 권력, 지위, 명성, 이목 끌기, 물질적 재산 등등. 뿐만 아니라 의식주와 약품과 같은 기본 필수품의 비중을 지나칠 정도로 과장하기도 한다.

간단히 말해 자아의 본성에 대한 무지로 인해 우리는 '이것이 필요하다'와 '내가 원한다'를 구분하는 데 늘 실패한다. 생각을 일으키는 동인 역할을 자아의식이 독점하는 탓에 우리는 엄청나게 많은 불필요한 고통을 자초하게 된다. 우리는 많은 것을 희생하게 되고 심지어 맑은 공기나 물과 같

은 생존에 필수적인 기본적 조건들마저 거의 다
희생시키고 있다.

부처님은, 조건들에 지배되는 존재계(윤회세계)
에서 조건에 지배 받는 생명체로 살고 있는 한 인
간은 온갖 종류의 불쾌감·긴장·고苦로부터 완전
히 자유로울 수가 없다고 가르치셨다. 모든 조건
지어진 현상들은 흠이 있게 마련이고 따라서 불만
을 일으킬 수밖에 없다. 이것이 부처님 가르침 중
의 '첫 번째 성스러운 진리'〔第一聖諦, 苦聖諦〕인데,
모호한 철학적 사변과는 너무나 다르게 우리 각자
가 일상생활에서 직접 몸으로 겪는 경험 내용이
다. 참되고 영원한 자유〔涅槃〕는 위빳사나 명상을
통해 얻는 통찰력의 성과로써만이 실현되는 것이
니 만큼, 우선 우리는 놓아버림〔*patinissagga* 出離〕

의 원리를 적용해서 불필요한 많은 고를 없애기
위해 노력하는 수밖에 없다.

애석하게도 영어의 'renunciation'(놓아버림, 내려
놓음)이란 단어 자체가 요즈음의 세태 즉 현대적
이고 서구 편향적이며 쾌락주의적이라 간주할 수
밖에 없는 세태에서는 묘한 중세적 울림을 갖는
다. 대다수 사람들에게 이 말은 슬픔에 잠긴 분위
기를 풍기며, 속죄, 자기 부정, 자기 상실 심지어
자학의 이미지를 떠올리게 한다. 그것은 소극적으
로 실의에 차서 세상을 등지는 것이며, 죽지 못해
살고 있는 우울한 자포자기이며, 실연당한 연인들
의 마지막 피난처를 연상시킨다.

하지만 천만의 말씀. 부처님이 가르치신 진짜

'버림'은 아침 햇빛과 상쾌하고 시원한 대기를 맞
이하기 위해 마음의 창문을 활짝 열어젖히는 것이
다. 버림은 '집안 청소'이다. 비유에 그치는 것이
아니고 말 그대로 쓰레기와 쓸데없는 잡동사니들
을 치우는 것이다. 또 무엇인가를 집착하면 그것
을 소유하게 되기는커녕 오히려 그것에 소유 당하
게 된다는 이치를 깨달음으로써 집착을 쓸어 내게
된다. 그렇게 하는 것은 사물을 올바른 시각으로
보는 것이고 우리의 삶을 단순화하는 것이며 '이
만하면 충분해' 하면서 만족하게 여기는 것이다.

인간은 원숭이가 아니다!
슬기로운 존재다!
슬기로운 존재에게 앞의 모든 이야기는
사실 상식에 불과하지 않은가!

　다만 지금부터 그 슬기를 어떻게 찬연히 시현해 낼 것인가. 그 문제만 남아 있다.

법은 여전히 진리로 통하는가?

법〔佛法 Dhamma〕이 우리 시대에도 통할까 하는 질문이 가끔씩 제기된다. 어떤 사람들은 법이 2,500년 전의 아시아에는 잘 맞았는지 모르지만 지금처럼 급진전하며 공격적이고 점점 더 도덕과 멀어지고 있는 서구의 기술과 유물론이 지배하고 있는 오늘 20세기 세상에선 설 자리가 없다고 생각한다. 따라서 법은 박물관에나 보내서 사라져버린 황금시대의 곰팡이 핀 유물들 속에서 쉬게 해야 한다는 것이다. 다시 말해서, 달라진 오늘날의 질병에 케케묵은 옛 치료법이 더 이상 유용하지 않듯이 법도 그렇다는 얘기다.

이 문제를 전혀 다른 시각에서 접근하는 이들도 있다. 법의 효험이나 적합성을 문제 삼는 대신 오늘날 사람들이 법을 효과적으로 적용하고 실천에 옮기는 데 필요한 시간과 기회를 갖지 못한다고 생각한다. 병에 대한 치료약은 적절한데 환자가 그 약을 이용하지 못한다는 것이다.

이 두 견해를 살펴보자. 사실 고대 세계는 우리가 사는 요즘 세상과는 매우 다른 곳이었다. 오늘날 농촌 사회에서 그러하듯이 그 시대에도 삶은 분명히 꽤나 느린 걸음으로 영위되었을 것이다. 요컨대, 20세기의 격심한 생존경쟁이나 그런 경쟁을 유발한 기술, 그리고 이런 것들이 담고 있는 좋고 나쁜 모든 내용들이 그 시절에는 존재하지 않았다.

좀 더 품위 있고 좀 더 한가롭던 황금시대, 존재한 적 없는 이상향을 그리며 뒤돌아보는 것은 매우 솔깃한 일이다. 그렇다. 고대 세계는 사뭇 다른 곳이며 어쩌면 우리가 이해하거나 이해할 수 있는 것 이상으로 다른 세상이었다. 그렇다 해서 그때가 현대보다 더 나은 세상이었다고 단정할 수는 없다! 둘 사이의 차이들은 사실 피상적인 것이며, 화장한 모습의 차이일 뿐이다.

이 세상의 근원적 문제, 기본적인 문제는 겉치장이 아무리 바뀌어도 그대로이다. 그리고 그 문제는 이 세상이야말로 고苦가 펼쳐지는 현장, 바로 고해라는 것이다.

세상은 고해이지만, 그 고가 세상 속에 있는 것

은 아니다. 그것은 마음속에 있다. 당신의 마음속
에 그리고 나의 마음속에 있고, 존재하는 모든 유
정물의 마음속에 있다. 당연히 이런 언급은 불교
를 세상의 비관적 측면밖에 보지 못한 극단론이라
고 몰아세우는 사람들을 등장시키는 단서가 된다.
그러나 불교는 그런 치우친 주장이 아니다. 불교
는 누구든지 스스로 보고 확인할 수 있는 사실을
있는 그대로 공정하게 언급할 따름이다.

　고의 정의를 찾아보자. 깨달음을 이룬 후 첫 법
문에서 부처님은 다음과 같이 말씀하셨다.

　　태어남에는 고통이 따른다. 질병은 고통스럽다.
　　죽음은 고통스럽다. 슬픔, 비탄, 고뇌 그리고 절
　　망은 고이다. 싫은 것을 견디는 것은 고이고, 좋

아하는 것들과 분리되는 것은 고이다. 원하는 것을 얻지 못하는 것은 고이다. 실로 '갈애와 집착에서 생겨나는 오온〔五取蘊〕'이 모두 고이다.

이 말씀을 가지고 누가 과연 논박할 수 있겠는가? 고에는 육체적인 고, 정신적인 고, 감성적인 고, 그 모두가 포함된다. 이런 고로부터 면제되거나 영향을 받지 않을 사람은 아무도 없다.

물론 즐거움도 행복도 존재한다. 누구도 이 둘의 존재를 부정할 수 없다. 그러나 즐거움과 행복은 깨지기 쉽고 덧없다. 그것들은 우리가 원하고 기대하는 것이 주어진 조건과 얼마나 일치하느냐에 달려 있다. 그 조건들이 변하자마자 ─ 조건들은 이내 변하게 마련이다! ─ 세상일이 더 이상 마음대로 되지 않게 되자마자 어느 정도의 불행, 다시 말해 고가 생겨난다. 그것이 사소하건 격심하건 고는 고다.

우리는 각자가 자신의 곤경과 불행을 만들어내고 또 그 고의 정도를 결정하기조차 한다. 고를 얼마나 정확히 예상하는가에 따라 그리고 그 예상치를 감당해 낼 힘과 불굴의 의지가 있는가에 따라 고의 정도가 조절될 수 있다.

우리는 지금껏 네 가지의 진리[四聖諦] 중 첫째와 둘째 진리를 조금 고쳐 말했다. 우리가 말한 모든 것은 부처님이 처음 가르침을 설하셨을 때와 마찬가지로 오늘날 우리에게도 진실되다. 사실 옛날이나 지금이나 이 세상이, 고를 겪고 그리고 그

것을 경감시킬 길을 찾는 유정有情들로 가득 차 있다는 점에서 똑같다는 사실을 우리는 잘 알고 있다.

이러한 성질의 고苦는 부처님께도 낯익은 것이 었다. 그는 온통 자신의 주변에서 그 고를 분명히 보았고 민감하게 반응했다. 마침내 대비심大悲心을 일으키게 된 부처님은 이 고, 모든 조건지어진 사물들에, 상황들에, 그리고 환경들에 내재한 이 고로부터 기필코 영원히 완벽하게 벗어나야겠다는 결의를 세우고 당신의 안락하고도 특권적인 삶을 버리고 출가하기에 이르렀다.

부지런히 몇 년에 걸쳐 애써 길을 찾은 끝에 마침내 당신 자신은 고로부터 해방되는 데 성공하셨다. 깨달음을 성취하신 후 다시 대자비심을 발하셔서 이후 반열반에 드시기까지의 사십 오년간을, 누구든 귀 기울여 들어주는 사람이라면 가리지 않고 그 모두에게 이 해탈의 도를 가르치고 보여주는 데 오롯이 다 바치셨다.

부처님의 가르침인 법*Dhamma*은 물리학의 법칙이 뉴턴의 발명품이 아니듯 부처님의 발명품이 아니다. 뉴턴은 자연의 특정한 법칙의 연구에 전념한 한 사람의 관찰자일 뿐이다. 그는 자연의 법칙을 연구하고, 실험하고, 기술하고 그리고 사회의 이익을 위하여 타인들에게 공개했다. 바로 그와 마찬가지로 부처님도 고가 생기는 원인과 고를 그치게 하는 방법을 찾고 펴는 일에 헌신하셨던 것이다.

법은 부처님의 탐구, 발견, 적용, 성과의 요약이다. 법은 자연과 마음의 법칙이 작동하는 방식에 대한 보고서이고 교수내용의 전집이다. 말하자면, 일상생활의 모든 면에서 최대의 이로움을 위하여, 또 궁극적으로는 고통으로부터의 해탈을 위하여, 그 지식을 각자가 가장 효과적으로 사용하는 방법에 대한 지침서이다. 그것은 영원히 유효한 것이다.

사성제의 처음 두 항목은 문제가 무엇인가를 알아내고 그 원인을 밝혀준다. 세 번째 성스러운 진리는 처방전에 해당하며 네 번째 성스러운 진리는 그 치료법의 실제 적용이다. 이제 그것을 받아들일지의 여부는 전적으로 우리 각자의 몫이다. 부처님으로서는 할 수 있는 일을 다 하셨다. 아무도 그 이상 더 할 수는 없었을 것이다. 의사는 질병이 무엇인지 알아내어 치료법을 알려 줄 수 있다. 그러나 그가 환자 대신 치료를 받을 수는 없다. 마찬가지로 부처님은 우리에게 길을 알려주시고, 자세한 지도와 세세한 설명을 해 주시지만 목적지에 도달하려면 우리 각자가 그 길을 여행하는 수고를 스스로 감당해야만 한다. 우리 대신 남이 그 길을 밟아줄 수는 없는 노릇이니까.

불자로 산다는 것은 어떤 의미를 가지는가? 부처님이 우리를 위해 지도를 그려 주신 그 길을 나아가려면 어떤 노력이 필요할까? 과연 그런 노력을 우리가 잘 해낼 수 있을까? 특히 요즘 같은 세상에서.

이름만 불자가 되는 것은 매우 쉽다. 하지만 그것은 엄청난 시간 낭비일 뿐이며 몸소 실천하는 불교도들에게 폐를 끼치는 일이며 부처님에 대한 모욕이다.

진지하고 실천적인 불교도로 살 수 있게 되는 데에는 시간과 노력과 서원이 필요하다. 우선 법을 공부해야 하는데 부처님 가르침의 핵심을 잘 이해하려면 상당한 시간을 바쳐야 한다. 또 계율 공부는 외워 잊지 않는 정도나 또는 겨우겨우 계를 어기지 않고 살아가는 정도로는 불충분하고 그 계율의 윤리적 도덕적 근거를 심도 있게 이해하는 수준에 이르러야 한다. 일단 법에 대한 지식과 계율에 대한 이해를 갖추고 이에 의거해 살게 되면 그 사람은 이런 삶이 개인의 영적 이로움을 도울

뿐만 아니라, 일상생활의 모든 것을 정리해 주고 단순화시켜 준다는 것을 깨달을 것이다. 여기에는 가족, 자녀양육, 사업 그리고 사회적 관계 등 한마디로 재가자의 가정생활의 모든 면이 포함된다. 이 견실한 기반 위에 그리고 오로지 이 기반 위에서만이 우리는 깨달음에 이르는 통찰력을 닦는 정신적 수련, 즉 명상수행을 실천해 나갈 수 있다.

그렇다. 거기에는 시간과 노고가 필요하다. 모든 보람 있는 노력들이 그러하듯이. 하지만 이것은 두말할 것도 없이 모든 보람 있는 노력들 중에서도 가장 보람 있는 노력이다! 우리가 온갖 종류의 진 빠지게 하는, 쓸데없는, 해롭기까지 한 일들을 하는 데 얼마나 많은 시간을 쓰고 있는지 알면 법 공부 시간을 마련하는 일은 문제도 되지 않는다는 것을 확인할 수 있을 것이다.

한 가지만 더 말해야겠다. 많은 사람들이 공부를 제대로 이루어내려면 출가를 해야 하지 않을까 생각하는 것 같다. 그러다 보니 세속적 책임 때문에, 또는 자신들이 출가 생활에 적합하지 않다고 느끼기 때문에 출가 못 하는 것을 큰 장애로 여기게 된다.

그러나 좋은 소식은, 재가자도 그가 있는 바로 그 자리에서 그가 처한 그 상황에서 얼마든지 향상할 수 있다는 것이다. 경전에 남녀 재가자들도 대단히 높은 정신적 경지에 도달하고, 심지어 열반을 증득한 이야기들이 많이 나온다. 공부하면서도 내내 그들은 집안을 돌보았고, 가족을 부양했

고, 생활비를 벌었고, 신상문제를 처리했으며 사
업을 운영했다. 예사 사람들이 보기에 그들은 아
주 평범하고 정상적인 생활을 영위하고 있었다.
오늘날에도 그런 예를 실제로 볼 수 있다.

법은 유례없는 완벽한 수행체계로 이와 견주거
나 능가한 어떤 체계도 일찍이 없었다. 그것은 따
르기 어려운 것도 아니다. 누구든 자기가 있는 바
로 그 자리에서 시작하고 자신에게 적합한 속도로
진행할 수 있다. 최소한 불교 윤리를 지키기만 하
는 것으로도 삶은 크게 단순해질 것이고, 마음의
평화를 누릴 수 있게 될 것이며, 흠결 없는 삶을
살 수 있게 될 것이다. 설혹 금생에 해탈을 이루
는 데까지 미치지 못하고 말 경우에도 다음 생에
는 보다 알맞은 곳에 태어나서 향상의 삶을 계속

이어나가도록, 그래서 기어코 윤회의 삶에 종지부를 찍을 수 있도록 확실히 도와줄 것이다.

법은 언제나 그랬던 것처럼 지금도 완벽한 효능을 지니고 있다. 우리가 불교의 원리를 실제 삶에 적용하기로 일단 결심하면, 해야 할 모든 일이 우리의 능력 범위 내에 있다는 것을 알게 될 것이다. 비록 요즘 같은 적대적이고 회오리바람 몰아치는 세상 속에서일지라도.

행복을 찾아서

우리 모두 각자 나름대로 행복이라 부르는 그 묘한, 손에 잡히지 않는 상태를 추구한다. 그러나 그 행복을 가져다 줄 것으로 기대되는 것을 정확히 설명하거나 규정지을 수 있는 사람은 거의 없다. 우리 대부분은 무엇인가를 찾고 있지만, 사실 우리는 자신이 무엇을 찾고 있는지조차 잘 모른다. 기껏해야 어떤 어렴풋하고 모호한 직감 정도를 갖고 있을 뿐. 뚜렷이 내세울 게 별로 없다! 그것은 마치 우리가 어디로 가는지, 어떤 식으로 거기 도착할지 분명히 알지도 못하면서 여행길에 오른 것과 같다. 사정이 그러할진대 우리가 많은 노

력에도 불구하고 실패를 되풀이한다 해서 무엇이
이상할 것인가?

모든 것은 변한다. 행복에 대한 우리의 생각도
예외는 아니다. 어쨌든 행복이란 것이 형성되어지
는 것이라면 그 행복의 개념은 극히 주관적이고
개인적이며, 폭넓은 각자의 해석에 좌우될 뿐만
아니라 여러 가지 사회적, 문화적, 심지어는 경제
적 조건지움의 변덕스러움에 좌우될 것이 분명하
다.

삶이 더 단순했던 지난 시절에는 생존에 필수적
인 어떤 조건들이 충족될 때 생겨나는 평온하고
걱정 없는 만족 상태를 행복으로 받아들였던 것
같다. 살 집이 있고, 입을 옷이 있고, 잘 먹고, 중

병과 고통이 없고, 적의 위험이 사라지면 행복하
다고 여겼다. 그 이상 무엇을 더 바랄 것인가? 깨
지기 쉽긴 하지만, 그러한 기본적 안정 상태를 축
복으로 또 큰 행복의 토대로 여겼다.

그러나 우리 시대에는 과거 어느 시대보다도 행
복이 쾌락의 체험 아니면 '재물의 획득 및 소유'에
직간접으로 연결되어 있는 것 같다. 어떤 이들은
감관의 직접적 충족에서 행복을 찾고 또 어떤 이
들은 유형물들의 축적에서 찾거나 아니면 명성,
지위, 권력 그리고 부의 성취에서 찾는다. 다시,
많은 사람들이 행복을 다소 모호한 개념이긴 하지
만 '자유로움'이라는 개념과 궤를 같이한다고 생각
한다. 그런데 이 개념은 오늘날에 와서는 '계율,
도덕, 사회적 관행 심지어는 고상한 취향으로부터

의 자유'라는 식의 극단적 함의를 띠기에 이르렀
다!(다른 시대에는 이런 것은 방종으로 간주되었다)

불행〔고 *dukkha*〕은 정의 내리기가 훨씬 쉽다.
아마도 우리가 그쪽을 더 많이 겪기 때문일 것이
다. 하지만 고와 낙 어느 쪽을 살피건 그것은 결
국 내면의 불안정하고 무상한 마음 상태나 외부의
무상한 조건들이 우리가 원하고 기대하는 바와 상
응관계인지 아니면 상충관계인지를 따지고 있는
셈이 된다. 일이 뜻대로 되지 않게 되면 그 즉시
행복은 줄어들고 불행 또는 고가 어느 정도'생겨
난다. 사소하건 격심하건 어쨌든 고는 고이다. 단
순히 말해서 고는 원함, 끝없는 원함이다. 내가
원하는 대로 되어주지 않고 자기네 질서대로만 전
개되는 상황에 대한 불만이다.

부처님은 원함(욕구, 갈애 *taṇhā*)이 우리의 모든 고의 주성분임을 확인하고 동시에 그것이 재생의 원인이 되는 요소라고 덧붙이셨다. 부처님은 욕구 충족에서 오는 영속하고 고유한 기쁨이나 행복은 없다고 지적하신다. 그것이 어떤 종류의 원함이든지 간에 무언가를 원한다는 그 자체가 욕구불만, 기대, 긴장 상태인데 이런 상태가 해소되는 과정 중에서도 그 절정의 순간 동안에만 기쁨이 생겨난다. 일단 탐내는 물건을 얻거나, 결핍의 불편함이 해소되고 나면, 처음의 만족감은 줄어들어 즐거운 여운으로 남다가 이내 멈춘다. 모처럼 얻은 충족의 경험이 퇴색되면서 우리의 주의는 눈길을 끄는 새로운 그 어떤 것으로 곧 옮겨간다. 이런 식으로 끝없이 이어진다.

더욱이 부처님은 어떤 대상이나 상태 그 자체가 즐거움이나 불쾌함의 근원이 되지 않는다는 점 역시 지적하신다. 이런 느낌은 마음이 만든 것들이다. 우리는 특정한 사람이나 사물, 상태가 어떠어떠해 주기를 원하는 식으로 마음속에 기대를 형성한다. 이러한 기대들이 어쩌다 충족되면 어느 정도 만족감을 경험한다. 그러한 기대들이 충족되지 않을 때에는 우리의 좌절에 정비례하여 불쾌, 낙심, 분노 그리고 그 밖의 불선한 심리 상태를 겪는다.

갈망[愛]은 이미 가진 것에 대해서가 아니라 갖지 못한 것 쪽으로 향하는 데 반해 집착[取]은 이미 자기 것이 된 것을 향한다. 그러나 이 역시 미래가 어떠어떠하기를 바라는 것이기 때문에 욕구

이며 원함이다. 우리는 우리가 집착하는 대상이 우리에게 기쁨을 계속 주리라는, 우리의 소유로 남아 있으리라는, 변하거나 깨지거나 기타 어떤 식으로든 우리의 기대를 저버리게 되지 않으리라는 보장을 받고 싶어 한다. 미래의 환경이 변하지 않으리라는 확고한 보장, 그 보장이야말로 진짜 우리의 손이 가 닿을 수 없는 것인데도 우리는 아직도 그것을 원하여 마지않는다.

우리는 각자 자기기만에 빠지거나 서로를 속여서, 한 걸음만 더 내딛으면 그 행복을 잡을 수 있고, 손만 뻗으면 수중에 넣을 수 있다고 믿는다. 이놈만 없앨 수 있다면 저것만 가질 수 있다면, 상대방만 변화시킬 수 있다면, 그렇게 되기만 한다면 틀림없이 우리는 진정 영원히 행복할 텐데!

우리는 '만약 … 이것만' 하는 식으로 바라면서, 팔을 뻗으면서, 움켜쥐면서 일생을 보내지만 그럼에도 행복을 붙잡지 못한다. 행복은 항상 손가락 사이로 새어 나가는 것처럼 보인다. 우리 인생 이야기가 세세생생 그러하다.

그렇다. 이렇게 '단 하나만 더'를 향해 끊임없이 팔을 뻗고 움켜잡는 것, 이것이 바로 부처님이 우리에게 피하라고 경고하시는 그 '갈애*tanhā*'이다. 이것이 우리를 윤회의 바퀴에 꼼짝 못하게 밀착시키는 접착제이다. 윤회! 끝없이 태어나고 또 태어나도록, 죽고 또 죽도록, 덧없이 명멸하는 만족감이나 즐거움으로 변화를 주어가며 고에서 더 큰 고로, 우리를 질질 끌고 돌아가는 이 모진 고통의 회전목마!

역설적이게도 행복이라 불리는 이놈은 더 열심히 뒤쫓거나 더 단단히 붙잡으려 들면 들수록 더 확실하게 도망쳐 버린다. 우리는 행복의 원인과 본성 둘 다 잘못 해석하고 오해해 왔다. 거기다가 그것을 우리의 마음 안에서 찾기보다 엉뚱하게 이 세상 속에서 찾음으로써 실수를 배가시켜 왔다! 그러니 우리의 노력은 시작단계에서부터 실패하도록 운명지어졌던 것이다.

행복은 우리의 모든 욕망을 만족시켜내는 능력에 있는 것이 아니고, 오히려 마음의 들쑤심과 갈애에 일일이 충동적으로 반응하기를 멈추고 자제하는 능력에 있다. 후자의 이 능력은 다시 말해 자신의 마음을 냉정하게 지켜보는 능력, 또 지켜보아 어떤 마음에 대해 뚜렷한 형태를 드러내도록

허용해 줄 때에도 '거기에 휩쓸려 한몫 거들지' 않
는 능력, 즉 예속되지 않으면서 마음을 쓰는 능력
이다.

외부 환경을 통하여 우리에게 일어나는 일에 대
해선 어떻게 손 써 볼 여지가 별로 없다. 그것은
과거에 조건지어졌던 잡동사니 업보의 현현이다.
따라서 이런 일들은 그 생멸을 주의 깊게 지켜보
는 것 밖에는 가급적 어떤 반응도 하지 않을 필요
가 있다. 하지만 부득이 반응해야 할 경우에는 자
신이 어떻게 반응하고 있는지를 세심한 주의를 기
우려 명확하게 알면서 행할 필요가 있다. 정신적,
정서적, 의도적 반응 그 하나하나가 자신의 미래
를 조건지우는 행위가 되기 때문이다.

　이미 일어난 대상이나 마음에 대해 우리가 갖는 느낌들이 탐욕 또는 혐오에 기인한 자동적, 이기적, 반사적 반응을 배제할 만큼 분명한 알아차림이 되기에 이르면 이것들이 마침내 우리를 윤회의 끔찍한 고에 밀착시키는 업력의 그 접착력을 약화시켜 나가는 작용을 하게 된다. 또 규칙적으로 닦아나가면 자연의 작용과 마음의 작용까지도 꿰뚫는 통찰력[知慧]을 공급해 준다. 모든 조건지어진 현상들의 무상성[無常], 궁극적 불만족성[苦], 무주체성[無我]에 대한 이해·통찰은 신속히 업의 사슬을 끊고 윤회로부터의 해방으로 이끈다. 이것이 부처님 가르침의 진수이다.

지은이 소개

페트르 카렐 온틀 Petr Karel Ontl

1942년 체코슬로바키아 프라하의 보헤미아-아메리카 가정에서 출생, 1949년 미국으로 이주하였다. 외국어 교사 자격을 취득하고 교사, 사진사, 노인 돌보미, 번역 관련 일에 종사한 바 있다. 오랜 기간 테라와다 불자로서 미국 웨스트버지니아 주 하이뷰에 있는 수행센터(Bhavana Society)의 회원으로 활동하였다.

〈고요한소리〉는

•   근본불교 대장경인 빠알리 경전을 우리말로 옮기는 불사를 감당하고자 발원한 모임으로, 먼저 스리랑카의 불자출판협회BPS에서 간행한 훌륭한 불서 및 논문들을 국내에 번역 소개하고 있습니다.

•   이 작은 책자는 근본불교·불교철학·심리학·수행법 등 실생활과 연관된 다양한 분야의 문제를 다루는 연간물連刊物입니다. 이 책들은 실천불교의 진수로서, 불법을 가깝게 하려는 분이나 좀 더 깊이 수행해보고자 하는 분에게 많은 도움이 될 것입니다.

•   이 책의 출판 비용은 뜻을 같이 하는 회원들이 보내주시는 회비로 충당되며, 판매 비용은 전액 빠알리 경전의 역경과 그 준비 사업을 위한 기금으로 적립됩니다. 출판 비용과 기금 조성에 도움주신 회원님들께 감사드리며 〈고요한소리〉 모임에 새로이 동참하실 회원을 기다리고 있습니다.

•   〈고요한소리〉 책 읽기와 듣기는 리디북스RIDIBOOKS와 유나방송에서 만나볼 수 있습니다.

- 〈고요한소리〉 회원으로 가입하시려면,
  이름, 전화번호, 우편물 받을 주소, e-mail 주소를 〈고요
  한소리〉 서울 사무실에 알려주십시오.
  (전화: 02-739-6328, 02-725-3408)
- 회원에게는 〈고요한소리〉에서 출간하는 도서를 보내드리
  고, 법회나 모임·행사 등 활동 소식을 전해드립니다.
- 회비, 후원금, 책값 등을 보내실 계좌는 아래와 같습니다.

국민은행 006-01-0689-346

우리은행 004-007718-01-001

농협   032-01-175056

우체국   010579-01-002831

예금주   (사)고요한소리

마음을 맑게 하는 〈고요한소리〉 도서

금구의 말씀 시리즈

하나   염신경念身經

소리 시리즈

하나   지식과 지혜

둘   소리 빗질, 마음 빗질

셋   불교의 시작과 끝, 사성제 – 四聖諦의 짜임새

넷   지금·여기 챙기기

다섯   연기법으로 짓는 복농사

여섯   참선과 중도

일곱   참선과 팔정도

여덟   중도, 이 시대의 길

아홉   오계와 팔정도

열   과학과 불법의 융합

열하나   부처님 생애 이야기

열둘   진·선·미와 탐·진·치

열셋   우리 시대의 삼보三寶

열넷   시간관과 현대의 고苦
           – 시간관이 다르면 고苦의 질도 다르다

열다섯	담마와 아비담마 – 종교 얘기를 곁들여서
열여섯	인도 여행으로 본 계·정·혜
열일곱	일상생활과 불교공부

법륜 시리즈

하나	부처님, 그분 – 생애와 가르침
둘	구도의 마음, 자유 – 깔라마 경
셋	다르마빨라 – 불교중흥의 기수
넷	존재의 세 가지 속성 – 삼법인(무상·고·무아)
다섯	한 발은 풍진 속에 둔 채
	– 현대인을 위한 불교의 가르침
여섯	옛 이야기 – 빠알리 주석서에서 모음
일곱	마음, 과연 무엇인가 – 불교의 심리학적 측면
여덟	자비관
아홉	다섯 가지 장애와 그 극복 방법
열	보시
열하나	죽음은 두려운 것인가
열둘	염수경 – 상응부 느낌편
열셋	우리는 어떤 과정을 통하여 다시 태어나는가
	– 재생에 대한 아비담마적 해석
열넷	사리뿟따 이야기
열다섯	불교의 초석 – 사성제

열여섯	칠각지
열일곱	불교 - 과학시대의 종교
열여덟	팔정도
열아홉	마아라의 편지
스물	생태위기 - 그 해법에 대한 불교적 모색
스물하나	미래를 직시하며

보리수잎 시리즈

하나	영원한 올챙이
둘	마음 길들이기
셋	세상에 무거운 짐, 삼독심
넷	새 시대인가, 말세인가 / 인과와 도덕적 책임
다섯	거룩한 마음가짐 - 사무량심
여섯	불교의 명상
일곱	미래의 종교, 불교
여덟	불교 이해의 정正과 사邪
아홉	관법 수행의 첫 걸음
열	업에서 헤어나는 길
열하나	떳사 스님과의 대화
열둘	어린이들에게 불교를 어떻게 가르칠 것인가
열셋	불교와 과학 / 불교의 매력
열넷	물소를 닮는 마음

열다섯	참 고향은 어디인가
열여섯	무아의 명상
열일곱	수행자의 길
열여덟	현대인과 불교명상
열아홉	자유의 맛
스물	삶을 대하는 태도들
스물하나	업과 윤회
스물둘	성지 순례의 길에서
스물셋	두려움과 슬픔을 느낄 때
스물넷	정근精勤
스물다섯	큰 합리주의
스물여섯	오계와 현대사회
스물일곱	경전에 나오는 비유담 몇 토막
스물여덟	불교 이해의 첫 걸음 / 불교와 대중
스물아홉	이 시대의 중도
서른	고품에 어떻게 대응할 것인가
서른하나	빈 강변에서 홀로 부처를 만나다
서른둘	병상의 당신에게 감로수를 드립니다
서른셋	해탈의 이정표
서른넷	명상의 열매 / 마음챙김과 알아차림
서른다섯	불자의 참모습
서른여섯	사후세계의 갈림길

서른일곱 왜 불교인가

서른여덟 참된 길동무

서른아홉 스스로 만든 감옥

마흔 행선의 효험

마흔하나 동서양의 윤회관

마흔둘 부처님이 세운 법의 도시 – 밀린다왕문경 제5장

마흔셋 슬픔의 뒤안길에서 만나는 기쁨

마흔넷 출가의 길

마흔다섯 불교와 합리주의

마흔여섯 학문의 세계와 윤회

마흔일곱 부처님의 실용적 가르침

마흔여덟 법의 도전 / 재가불자를 위한 이정표

마흔아홉 원숭이 덫 이야기

쉰 불제자의 칠보七寶

단행본

붓다의 말씀

This translation was possible
by the courtesy of the Buddhist Publication Society
54, Sangharaja Mawatha P.O.BOX 61
Kandy, Sri Lanka

보리수잎 · 마흔아홉

원숭이 덫 이야기

2014년 12월 25일 1판 1쇄 발행
2019년 8월 20일 2판 1쇄 발행

지은이   페트르 카렐 온틀
옮긴이   우철환
펴낸이   하주락 · 변영섭
펴낸곳   (사)고요한소리
출판등록   제1-879호 1989. 2. 18.
주 소   서울시 종로구 인사동길 47-5 (우 03145)
연락처   전화 02-739-6328, 725-3408   팩스 02-723-9804
            부산지부 051-513-6650   대구지부 053-755-6035
            대전지부 042-488-1689
홈페이지   www.calmvoice.org
이메일   calmvs@hanmail.net

ISBN   978-89-85186-79-7

값 500원